AF411002

# DÉMESLÉ

Survenu à la sortie de l'Opera,

## ENTRE

## LE PAYSAN PARVENU

### ET

## LA PAYSANNE PARVENUE.

Le prix est de douze sols.

Imprimé à Nancy, & se vend

## A PARIS,

Chez PIERRE RIBOU, vis-à-vis la Comedie
Françoise, à l'Image S. Loüis.

---

## M. DCC. XXXV.

# DÉMESLÉ

Survenu à la fortie de l'Opera,

ENTRE

## LE PAYSAN PARVENU

ET

## LA PAYSANNE PARVENUE.

*LETTRE de M. le Marquis de . . .*
*à Madame de P.* DE LA BALME.

VO U S m'ordonnez fans mifericorde de vous donner des nouvelles, MADAME; hé defquelles, je vous prie? Je conviens que vous avez prévu

A ij

cette queſtion par ces mots : Du merveilleux, s'il vous plaît ? & point de détail de guerre, de quelqu'eſ-pece qu'elle ſoit... Attendez, l'ordre eſt trop étendu : celle des Auteurs, par exemple, me réjoüit infiniment ; je vous paſſerai volontiers la deſcrip-tion de tels combats.

Il ſemble que vous ayez une In-telligence à vos trouſſes qui vous inſtruiſe, & qui vous faſſe prévoir les évenemens futurs. Deux jours après avoir reçu votre Lettre, ( que j'ai baiſée cent fois, quoique le ca-ractere de rigueur dont elle eſt rem-plie m'ait donné envie de la brûler,) deux jours après, dis-je, ( peſte de la parantheſe qui me fait répeter ! ) j'étois allé triſtement à l'Opera, non pour y prendre du plaiſir, car je n'en ai aucun où vous n'êtes pas, mais pour rêver à la réponse que je devois vous faire. L'on dit que l'Amour est spirituel ; en verité il fait un effet bien different chez moi. Je m'étois mis à écrire: Rien de joli ne me venoit ; tout étoit languissant. Bongré, malgré que j'en eusse, mon stile s'assoupissoit. Peut-être, me disois-je à moi-même, que j'apprendrai quelque chose d'interessant au Spectacle ; le Parterre est fertile en nouvelles, il pourra me donner des idées neuves. Car vous, vous aimez le neuf, Madame, vous n'en pouvez disconvenir. Flatté, dis-je, de cet espoir, je volai à l'Opera. Mais quelle fut ma surprise en entrant, de voir la toile levée, & de n'y entendre qu'un grand murmure, qui m'annonçoit que quelque chose extraordinaire s'y étoit passé. Qu'est-ce donc, dis-je à

A iij

un gros petit Monsieur qui me parut animé, & qui suoit à grosses goutes. Ah, ah! s'écria-t-il en me regardant avec un air de compassion, la question est nouvelle! hé depuis quand êtes-vous ici? J'entre, répliquai-je. Fort bien, continua-t-il; car je ne vous passerois pas d'ignorer que le Paysan Parvenu & la Paysanne Parvenuë sont à l'Opera; qu'ils y ont été reconnus, je ne sçai comment. Je pourrois vous en dire davantage, mais il faut que je vous quitte, j'ai affaire. Un moment, Monsieur, lui dis-je. Je ne le puis, ajouta-t-il, je veux aller reprendre mon argent à la porte; il n'y a pas d'apparence qu'on jouë tranquilement aujourd'hui, l'on est trop animé pour que cela finisse sitôt: j'en enrage, car il y a six mois que j'hesite pour venir

ici ; le Spectacle eſt ſi cher, & l'argent ſi rare, que l'on eſt bien aiſe en
verité de n'y point venir en vain. En
finiſſant ce diſcours, il partit. Je m'a-
dreſſai à un grand flandrin auſſi igno-
rant que lui. Tout ce qu'il put faire,
fut de me montrer la Marquiſe de
L. V. Elle étoit dans la quatriéme
loge à droite, fort aiſée à diſtinguer
par ſa blancheur, par ſa beauté, &
par les diamans dont elle étoit cou-
verte. Le Payſan étoit dans une ſixiéme loge à gauche, à côté d'une
Dame dont la mine & l'embonpoint
réjoüiſſoient, avec une gorge qui ſe
preſentoit naturellement. Ma lor-
gnette me les fit aiſément diſtinguer,
& je paſſai un tems conſiderable à
les conſiderer avec beaucoup d'attention.

Il me parut que le Payſan Parvenu

étoit content de lui-même ; il avoit un certain foûrire complaifant, qui fembloit dire à toutes les jolies femmes fur lefquelles fes yeux fe promenoient : Comment me trouvez-vous ? ne fuis-je pas encore bien appétiffant ?

Il étoit habillé d'un gros de Tours cifelé-broché, & il ne fe diftinguoit que par une belle & bonne phifionomie, ou par un air de mode qu'on dit qu'il avoit, que je trouvai cependant un peu ufé.

Madame la Marquife de L. V., la Payfanne, me fembla embarraffée, mais elle plaifoit par fa modeftie ; elle ne met point de rouge, tout me parut naturel en elle. Ses yeux font grands ; elle a la bouche parfaite, & le tour du vifage à ravir : fon nez eft un peu long, c'eft fon défaut ; mais

il semble que les graces le rapetis-
sent, tant il est bien scruté, tourné &
aquilinisé, comme il vous plaira.
Pour la gorge, il y en a de belles à
Paris : j'ai feüilleté un In-folio qu'un
Particulier doit mettre au jour dans
peu, où il est traité de trente-six gor-
ges, examinées & reconnuës des plus
parfaites ; aucune de ces estampes ne
me parut comparable aux charmes
dont je parle ; & en verité je doutai
un moment si tant de beauté n'étoit
pas la cause du brouë-haha, qui con-
tinuoit toujours. Cependant l'envie
que j'avois d'être mieux instruit me
fit chercher les moyens d'avancer.
Il venoit de tems en tems des ondes
de ceux qui étoient derriere, qui me
poussoient en avant ; je me trouvai
bientôt près d'un Auteur qui fait du
bruit. Je m'en réjoüis, comptant bien

qu'il me mettroit au fait. Hé-bien, me demanda-t-il en m'appercevant, que dites-vous de la Payſanne ? De laquelle ? repris-je, eſt-ce de celle qu'on vient d'imprimer, ou de celle qui eſt ici ? Je trouve la premiere très-médiocre ; pour la ſeconde, elle me ravit. Vous n'êtes pas de mauvais goût, continua-t-il ; mais ſçavez-vous par quel hazard elle a été reconnuë ? Non, lui diſ-je. Par Colin, ajouta-t-il. Ah, ah ! repartis-je, cela ſeroit ſingulier. Très-ſingulier, s'écria-t-il, & voici comment :

„ Au premier coup d'archet, tout
„ le monde s'eſt retourné vers un
„ homme qui s'eſt écrié en levant
„ les bras : Pardienne, voilà qu'eſt
„ beau ! Le ton dont ces mots ont
„ été prononcés, & le geſte qui les
„ a accompagnés, qui a donné un

„ soufflet à l'un & renverſé la per-
„ ruque d'un autre, a fait rire tout
„ le monde. Ah, Meſſieurs ! a-t-il dit
„ ſans ſe déferer, je ſuis bien aiſe que
„ je vous faſſe plaiſir. Lorſqu'on eſt
„ monté ſur l'envie de rire, elle ne
„ paſſe pas aiſément, ſur-tout lorſque
„ le prochain y entre pour quelque
„ choſe ; les éclats ont redoublé.
„ Parlaſandienne, a-t-il continué, je
„ ne vois pas qu'il y ait tant à rire.

„ Je ne ſommes ni borgne ni boſ-
„ ſu, ni bancroche, & j'en valons
„ bien qui m'environnent. Ces mots
„ ont été prononcés ſi hauts, que
„ les Loges avides & curieuſes
„ de ce qui ſe paſſoit, les ont oüis ;
„ les femmes qui y étoient, ſe
„ ſont miſes à rire d'un ton ſi haut,
„ qu'on ne s'entendoit plus. Oh, oh !
„ a repris l'Inconnu d'un air cam-

„ pagnard & naïf, les Madames s'en
„ mêlent donc auſſi ! Elles feroient
„ bien mieux de débarboüiller leur
„ viſage ; ne diroit-on pas qu'elles ſe
„ ſont lavées avec du ſang ? Parlaſan-
„ dienne les voilà bien maſquées,
„ pour ſe moquer des autres. Il s'eſt
„ arrêté tout-d'un-coup en pronon-
„ çant ces paroles. Il avoit la bouche
„ entr'ouverte, & l'on étoit fort atten-
„ tif à ce qui en alloit ſortir, quand
„ frappant du pied avec violence,
„ ( malheureux le pied qui s'eſt trou-
„ vé ſous le ſien ! ) Mordienne, s'eſt-il
„ écrié, voilà une fille de notre Ha-
„ meau... c'eſt elle, c'eſt Jeannette ;
„ elle a beau être enjolivée comme
„ un Autel, je la reconnois bien. Ah
„ la méchante ! je ne m'étonne pas
„ qu'elle mépriſe le Fils d'un Mar-
„ chand de Bois.

„  A ce discours tout le monde, pré-
„ venu qu'il parloit de la Paysanne
„ Parvenuë qui vient de paroître, a
„ examiné les loges, & cherché cu-
„ rieusement la personne qu'il venoit
„ d'indiquer ; le décontenencement
„ de la Marquise de L. V. l'a bientôt
„ fait reconnoître. Nous avons tous
„ frappé des mains ; & cela eût duré
„ beaucoup plus long-tems, sans un
„ autre sujet de surprise , qui nous a
„ fait laisser la Paysanne & Colin ;
„ c'est la mode , un clou chasse l'au-
„ tre.

„  Il étoit tombé d'une loge en bas
„ une lettre. Un Clerc de Procureur
„ aimable & malin (le nombre en est
„ grand à Paris ) l'avoit ramassée. Ah,
„ ah ! s'est-il écrié après l'avoir luë,
„ il ne manque plus ici que le Mar-
„ quis de Fieux , pour que l'Opera

„ fût rempli des Heros de nos jours.
„ Sçavez-vous bien, Monsieur, a-t-il
„ continué, que le Payſan Parvenu
„ eſt au Spectacle. A peine ces mots
„ ont-ils été lâchés, que tout le mon-
„ de a demandé: où eſt-il, où eſt-il?
„ Je ne ſçai, a repliqué le Clerc,
„ mais voici une lettre qui vient ſû-
„ rement de lui être renduë; elle eſt
„ ſignée de Madame de Ferval, que
„ bien-vous connoiſſez. Ce nom &
„ cette lettre ont redoublé la curio-
„ ſité du Parterre; chacun a voulu
„ la voir, & l'arracher des mains du
„ Clerc. La lettre alloit être en pié-
„ ces, lorſqu'un très-grand homme
„ s'en eſt ſaiſi, & l'a montrée en l'air
„ en diſant qu'il ne la rendroit pas
„ qu'elle ne fût luë. Cent bras tâ-
„ choient de l'atteindre, mais inu-
„ tilement. Enfin il a été convenu

„ qu'il en feroit tout haut la lecture.
„ L'on a fait silence : il y avoit déja
„ long-tems que les Acteurs, las du
„ bruit , en attendoient tranquile-
„ ment la fin. Le grand homme avec
„ une voix sonore a si bien articulé
„ cette lettre , qu'elle a été copiée
„ sur le champ. La voici :

## *LETTRE*
## De Madame de Ferval, au Paysan Parvenu.

*Je reviens du fond de la Pro-*
*vince où mes affaires m'avoient*
*attirée, pour vous laver la tête,*
*MONSIEUR, & pour me ven-*
*ger d'un Livre intitulé :* Le Paysan
Parvenu *, que le hazard m'a fait*
*tomber entre les mains.* En arrivant

j'ai été chez vous, où j'ai appris que vous étiez à l'Opera. Il vous sied bien en vérité, de mettre au jour des choses qui devroient être ensevelies dans le silence ; il faut que votre vanité soit montée à son dernier comble, ou que vous soyez devenu fou. Je me suis reconnuë au point que je ne doute pas que tôt ou tard l'on ne me montre au doigt. Si la vanité est le principe d'une pareille impertinence, je sçaurai la châtier quelque parvenu que vous soyez : si c'est la folie, les petites Maisons sont faites pour y enfermer des gens comme vous.

Peut-on être traité aussi indigne-

ment

ment que je la suis dans la cinquié-
me Partie de son méchant Livre ?
Ne semble-t-il pas que je sois une
malheureuse ? Hé-bien je conviens
que j'ai eu une espece de goût pour
lui , mais quel goût ? celui de la
nouveauté , & puis c'est tout. On
m'enferme chez la Remy , est-ce
ma faute ? Un jeune-homme me
presse, qu'y a-t-il d'extraordinaire ?
Mais de me faire parler , de pré-
tendre que je fais attention à des
croisées dont on peut être vuë , n'est-
ce pas dire, faites-moi rentrer, usez
d'une douce violence? Faire surve-
nir un homme , donner l'idée que
cette maison est accoutumée à des

B

rendez-vous, ſuppoſer une ſeconde converſation auſſi vive que la premiere, & l'interrompre malignement, n'eſt-ce pas donner à penſer que ſans l'imprudence de celui qui écoute, elle auroit eu des ſuites qu'on n'imagine que trop. Allez, MONSIEUR, allez, je me vengerai de l'idée que vous donnez de moi à vos Lecteurs ; & je ferai connoître au public, ſi jamais il me reconnoît, que rien n'eſt plus faux que tout ce que vous avez dit de moi, auſſi bien que de nombre de femmes que votre ſote vanité fait toutes paroître amoureuſes de vous.

Il n'y a qu'un moyen de m'apai-

*ser, qui eſt de mettre au plutôt au jour une ſixiéme Partie, & de vous retraĉter de vos menſonges & de vos inſolences. A ce prix je me calme, mais ſans cela je vous pourſuivrai juſqu'à la mort : & je ne vous donnerai pas un moment de repos, que vous ne m'ayiez donné cette ſatisfaĉtion : penſez-y bien; je ſuis femme, vous me connoißez, je ne vous en dis pas davantage.*

,, Voilà, mon Cher, la cauſe du ,, trouble dont on eſt ſi agité ( a con- ,, tinué l'Auteur; ) chacun raiſonne. ,, Le Payſan vient d'être découvert; ,, parceque s'appercevant de la perte ,, de ſa lettre, il a eu l'imprudence de ,, la redemander. On a recherché les

„ chofes de loin,& l'on a fçû qu'unLa-
„ quais dont la livrée eft bleuë-celef-
„ te,à galon blanc,la lui avoit remife."

Mais comment vous reprefenterai-je, MADAME, ce qui s'eft paffé à la fortie du Spectacle? En quel genre d'écrire? Eft ce en vers? je fuis trop vif pour rimer; d'ailleurs je me crois un très-mauvais Poëte. Sera-ce en maniere de récit? cela eft trop long; les Reprit-il...je continuai...il ajouta... &c. gênent, embarraffent & coüpent une narration intereffante:les retran-cher, c'eft mettre la confufion, & fe mettre dans le cas de ne fçavoir jamais de qui l'on parle.

J'ai crû pour obvier à ces incon-veniens, devoir mettre cette difpute en dialogue. Elle provint de ce qu'en fortant. Madame de Fecourt, celle qui étoit dans la loge du Payfan Parvenu , ne voulut pas ceder le pas à la Marquiſe , à la ſortie de la petite porte de l'Opera. Malgré la douceur de caractere que cette derniere nous inſinuë dans ſes Memoires , elle eſt haute. Elle trouva mauvais ce manque de reſpect de la part d'une femme de ſa robe : les Dames s'échaufferent ; & ſans un Officier qui vint mettre le hola , je ne ſçai pas ce qui en ſeroit arrivé.

# DIALOGUE I.

## LA PAYSANNE PARVENUE,
## LE PAYSAN PARVENU,
## Me. DE FECOURT.

### LA PAYSANNE.

PRENEZ garde, Madame.

### Me. DE FECOURT.

Oh ! pour celui-là, Madame…

### LE PAYSAN.

Hé ! Mesdames…

### Me. DE FECOURT.

Je ne sçai, en verité, par quelle

raiſon on veut me marcher ici ſur le corps.

## LA PAYSANNE.

Et moi, je ne puis comprendre comment on ſe peut méconnoître.

## Me. DE FECOURT.

Comment, ſe méconnoître ! Il me ſemble en verité, Madame, qu'on ne ſe méconnoît point, & que vous pourriez faire des réflexions ſur vous-même, lorſque vous parlez à une femme comme moi.

## LA PAYSANNE.

Une femme comme vous eſt faite pour n'avoir rien à démêler avec une femme comme moi ; & je vous prie, Madame, de me laiſſer paſſer, & que nous en reſtions là.

## Me. DE FECOURT.

Comment donc, en rester là ! Que voulez-vous dire, Madame ?

## LA PAYSANNE.

Ah ! je vous prie, Madame.... Qu'on appelle mes gens.

## Me. DE FECOURT.

Vos gens! Vraiment vos gens m'imposent beaucoup! Il convient bien, lorsqu'on est démasquée à la vûë d'un Public, de prononcer *mes gens !*

## LA PAYSANNE.

Hé ! il convient bien, lorsqu'on est annoncé à ce même Public pour une femme qui a des yeux pour les beaux garçons, de se donner les airs de trouver mauvais quelque chose !

LE

## LE PAYSAN.

Ah! Mefdames, n'entrons point, s'il vous plaît, dans ce détail. Ce n'eft ni ma faute, ni celle de Madame, fi les Auteurs fe donnent les airs de nous écrire, & de nous faire dire des impertinences.

## Me. DE FECOURT.

Mondieu, Meffieurs les Auteurs ne font rien fans qu'on les fouffle & fans qu'on y donne lieu.... Sçavez-vous bien, Madame, que je ne vous entends pas? Ce n'eft pas fans doute de moi dont vous parlez, avec vos beaux garcons!

## LA PAYSANNE.

Ah! Madame, reftons-en là, vous dis-je; tout ceci commence à m'im-

C

patienter, & vous ferez fort bien de n'avoir rien à démêler avec moi.

## Me. DE FECOURT.

Oh ! pardi, Madame, je ne vous cederai en rien. Si vous êtes Marquise, Dieu sçait comment ! Pour moi, je ne dois point ce que je suis aux minauderies ; mon Mari ne m'a point tiré du fond d'une Forêt, &....

## LA PAYSANNE.

Vous êtes une insolente, & je vous apprendrai à qui vous parlez.

## Me. DE FECOURT.

Ma foi, Madame, c'est à vous ; graces au beau Colin & à votre Auteur, nous sçavons qui vous êtes ; & il est bien ridicule....

## LA PAYSANNE.

Mon Auteur est un impertinent, & vous une imprudente de relever ses sotises. Il est vrai que j'ai été assez sote pour me fier à sa discrétion ; il en a mesusé, & il me prête mille choses ausquelles je n'ai jamais songé. Heureusement qu'il n'est pas assez connu pour qu'on ajoute foi à tout ce qu'il dit. Mais pour celui de Madame, qui a écrit l'histoire de Monsieur & quelques passages de la vôtre, ( adoucis peut-être par la sagesse de Messieurs les Censeurs, ) il est connu, & personne ne doute de ce qu'il nous dit à votre sujet ; & votre maladie est venuë bien à propos, sans quoi....

Me. DE FECOURT.

Que veut dire, je vous prie, sans ma maladie ?

## LE PAYSAN.

Ah ! Madame, ne vous prévenez pas ainſi. Je vous aſſure que j'ai autant de lieu de me plaindre de mon Hiſtorien, que vous du vôtre, après tous les tours qu'il m'a joüés. Il me prête bien des choſes que je n'ai jamais faites, & tenir mille diſcours dont je n'ai jamais été coupable. Aſſurément je ne me donne pas pour un homme de merite, il s'en faut beaucoup ; cependant à l'entendre diſcourir, il ſemble que je ſois l'homme du monde le plus éclairé. Il a bien fait, par exemple, de faire mourir ſubitement mon premier Maître; car je me ſerois indubitablement marié avec Geneviéve. Je n'ai jamais eu la ſote délicateſſe dont il me pare; cette avanture eſt toute de lui, auſſi-bien

que celle de Madame de Ferval, qui
eſt outrée par l'imprudence de cet
Auteur, & qui va ameuter contre moi
toutes les femmes dont il me fait parler. Je conviens que je les connois ;
mais je nie que j'aye eu ni rendez-
vous, ni entretien auſſi gaillard &
auſſi ſpirituel, que ceux qu'il me
fait tenir.

## Me. DE FECOURT.

Il n'eſt pas queſtion de cela, Mon-
ſieur. Si vous n'aviez pas eu de l'or-
gueil, & que vous ne lui euſſiez pas
fait part de bien des choſes, il ne les
auroit pas écrites ; tout le monde
connoît ſa probité, & que bien-loin
d'être capable de décrier perſonne,
il prête tous les jours des ſentimens
à gens qui ne ſont pas faits pour en
avoir.

## LE PAYSAN.

Pour cela, je conviens que je n'ai pas à me plaindre de lui, & qu'il me fait parler en arrivant du Village avec beaucoup même plus d'efprit, que je n'e nai aujourd'hui, & que fon génie pénetre au travers de mes expreffions les plus fimples.

## LA PAYSANNE.

Vous avez vos raifons fans doute, Monfieur, pour prendre le parti de Madame & de votre Hiftorien. Pour moi, qui n'ai pas les mêmes & qui ne crains rien, je dirai que le Chevalier de M. qui s'eft mêlé de m'imprimer, m'a fait vingt fois parler feule comme une folle, & dire mille fotifes aufquelles je n'ai jamais fongé. Y a-t'il, par exemple, rien de fi pitoyable

que l'hiſtoire qu'il me fait conter de
Charlotte, & les ſotes exclamations
qu'il me fait faire à la rencontre du
Roi ? comme ſi c'étoit la premiere
fois que je l'euſſe vû. Je ne ſçai comment on peut être prévenu pour ce
mauvais Livre ; il faut aſſurément
qu'on aime bien la nouveauté, pour
s'amuſer à une ſi déteſtable lecture.
Que veut dire encore le trait qu'il
rapporte de ma ſimplicité, ou ſujet
du mot de *cruelle*, en prenant de-là
occaſion de dire que je ne l'ai jamais
été pour perſonne ? En verité, ſans
la conſideration que j'ai euë pour ſa
naiſſance, je l'aurois fait repentir d'a-
voir joüé une femme de ma ſorte....
Mais je me laſſe à la fin, de tous ces
vains diſcours ; & il faut, Madame,
bongré ou malgré que vous en ayez,
que vous me laiſſiez paſſer : je ne ſuis

C iiij

point accoutumée à donner ainfi la comedie au Public.

Me. DE FECOURT.

Pout paffer devant moi, j'aimerois mieux me faire hâcher.

LA PAYSANNE.

Comment! vous me repouffez?

Me. DE FECOURT.

Sans doute. Que ne vous ôtez-vous? & que ne laiffez-vous le paffage libre? Si vous vous y étiez trouvée la premiere, je n'aurois pas fouf-flé; mais que je recule & que je vous cede le pas, j'aimerois mieux coucher ici. Allons, finiffons....

LA PAYSANNE.

Ah mondieu! quelle violence!

# DIALOGUE II.

## LA PAYSANNE, LE PAYSAN, MADAME DE FECOURT, UN OFFICIER.

### L'OFFICIER.

TOut doucement, Mesdames ; je viens par ordre de M. D... vous mettre d'accord, & apprendre le sujet de votre démêlé qui est parvenu jusqu'à lui. Pardonnez, s'il vous plaît, si j'ose vous demander vos noms, afin que je ne manque pas aux déférences que mérite la qualité des personnes.

## Mᵉ. DE FECOURT.

Madame est la fille d'un Buche-
ron de la Forêt de Fontainebleau;
& moi, Monsieur, fille de Notaire,
& femme de Fermier General.

## L'OFFICIER.

Madame je suis votre serviteur, la
difference est un peu grande.

## LA PAYSANNE.

Vous voyez, Monsieur, la mali-
gnité de cette femme. Le Marquis
de L. V. est mon Epoux.

## L'OFFICIER.

Ah ! Madame, j'ai l'honneur de
le connoître, je le considere & je le
respecte infiniment ?

## LA PAYSANNE.

Cependant, Monsieur, on en fait
pas ici grand cas. Madame que je ne
connois pas m'injurie & me repousse,
& ne veut pas me laisser absolument
passer. Puisque vous êtes nommé
pour nous mettre d'accord , que
j'aille chez moi , s'il vous plaît , &
comme il me convient ; voilà toute
a justice que je demande pour le
present , autrement je rentrerai , &
ce sera le Roi qui décidera ensuite ,
qui doit l'emporter d'une femme de
Qualité , ou d'une Bourgeoise.

## Me. DE FECOURT.

Bourgeoise vous-même. L'insolente ! Sçavez-vous bien , Monsieur,
que cette Femme est la Paysanne
Parvenuë , dont les Mémoires innon-
dent aujourd'hui le Public ?

## LA PAYSANNE.

Ah ! ah ! Mais, Madame, des invectives !

## LE PAYSAN.

Bon ! Il y a deux heures qu'elles s'en difent.

## L'OFFICIER.

De quoi vous mêlez-vous, Monfieur ? ... Qui eft cet homme ?

## UN INCONNU.

Le Payfan Parvenu.

## L'OFFICIER.

Le Payfan Parvenu ! La rencontre eft charmante. Monfieur, je fuis votre ferviteur ; il y a long-tems que je vous connois de reputation, je ferai charmé de vous faire plaifir. Mais comme perfonne ne raifonne ni ne fait tant de réflexions que

vous, donnez-moi , s'il vous plaît ,
votre sentiment sur ce qui se passe.

### LE PAYSAN..

Ah ! Monsieur, vous vous en ac-
quitterez mieux que moi. Accorder
deux femmes n'est pas une petite
affaire ; & il faudroit tout l'esprit ré-
pandu dans mes Memoires, pour
y parvenir.

### Me. DE FECOURT.

Cela est cependant bien aisé. Et
puisque l'entêtement de Madame
l'obstine à ne pas me ceder , je
jure que je ne reculerai point d'un
pas ; on n'a qu'à jetter la porte à
bas , nous passerons toutes les deux
à la fois.

### L'OFFICIER.

L'expedient est un peu vif. Ne

vaudroit-il pas mieux , Mefdames, ôter vos paniers ? il vous feroit aifé alors.

## LA PAYSANNE.

Non , non : la raillerie devient un peu trop forte. Et puifque vous hefitez, Monfieur, à me faire rendre ce qui m'eft dû , je rentre ; & je fçaurai me plaindre, qu'après m'être nommée , vous m'avez laiffé infulter devant vous par une petite Bourgeoife. Adieu , Madame : je me chargerai auffi du foin de regler dorénavant le pas de vos femblables.

## L'OFFICIER.

Mondieu , Madame , arrêtez un moment , vous allez avoir fatisfaction. ... La voilà partie! En verité, Madame, vous avez tort ; vous auriez dû. . .

## Me. DE FECOURT.

Bon, bon, je m'en mocque : je triomphe, que m'importe à quel prix ? Adieu, Monfieur, vous me paroiffez très aimable ; venez prendre demain du caffé chez moi, nous y ferons plus à portée de raifonner de cette affaire.

## L'OFFICIER *feul*.

Me voilà dans de beaux embarras ! Qu'on eft malheureux d'entrer dans de femblables difcuffions ! & je voudrois bien une bonne fois que les états fuffent fi bien diftingués, qu'on ne tombât plus dans de pareils inconviens. Mais aujourd'hui tout eft fi fort confondu, que le pere n'y connoit pas le fils. Allons cependant tâcher d'appaifer cette Marquife. Payfanne ou non, fon nom la rend refpectable. . . . . Hé-bien , Meſſieurs les curieux , n'en voilà-t-il pas aſſez . & faut-il des des Gardes pour vous faire retirer ?

*Fin du Dialogue.*

Voilà , MADAME, ce qui s'eſt paſſé dans cette affaire qui intereſſe le Public ; elle n'eſt pas encore dé-cidée , & elle nous pourra produire quelques évenemens interreſſans. L'on dit que les Auteurs du Payſan & de la Payſanne travaillent à force pour ſoutenir les interêts de leur Heros ; dès qu'il paroitra quelque choſe à ce ſujet , j'aurai l'honneur de vous l'envoyer. En attendant , ſoyez perſuadée que je n'échaperai aucune occaſion de vous plaire , & de vous aſſurer que je ſuis avec reſpect,

*MADAME,*

Votre très-humble & très-obéïſſant ſerviteur ***.

9 782329 662220